브레인 점프
뒤죽박죽 세계 여행

 '브레인 점프'는 스스로 선택하며 생각의 벽을 하나씩 넘고 지혜와 자신감이 함께 자라는 신나는 모험 학습 브랜드예요!

뒤죽박죽 세계 여행

초록구름

● 머리말

시준의 선택!
세계 여행 어드벤처

　시준과 스위스 소녀 하이디, 충직한 진돗개 백구가 함께 떠나는 짜릿한 세계 여행! 이들의 여정은 눈부시게 아름답기도, 때로는 스릴 넘치기도, 심지어 위험하기도 합니다. 하지만 두 친구는 언제나 슬기롭게 어려움을 헤쳐 나가며, 세상의 놀라운 이야기와 신비로운 순간들을 하나하나 발견하게 되죠.

　물론, 여행을 가로막는 장애물도 있습니다. 바로 여정을 멈추게 하는 다양한 문제들이죠! 어떤 문제는 쉽게 풀리지만, 때로는 우리도 머리를 싸매야 할 만큼 어려운 문제들도 등장합니다. 하지만 걱정할 필요는 없어요. 오히려 이런 문제들이야말로 세계 여러 나라의 흥미로운 상식을 배우고, 생각하는 힘을 키우는 최고의 기회가 되어 줄 테니까요.

　이 책의 가장 큰 재미는 바로 여러분의 선택이 이야기를 만들어 간다는 것입니다. 각 파트마다 한두 가지 문제가 주어지고, 여러분이 어떤 선택을 하느냐에 따라 시준과 하이디의 여정이 완전히 달라져요. 어떤 선택은 친구들을 다음 목적지로 곧장 나아가게 하고, 어떤 선택은 아쉽게도 이전으로 되돌아가게 할 수도 있습

니다. 때로는 예측할 수 없는 깜짝 이벤트가 나타나 여러분을 놀라게 할 수도 있답니다!

　여행 중 어려운 문제를 만나더라도 절대 실망하지 마세요. 오히려 새로운 모험과 더욱 신나는 이야기가 여러분을 기다리고 있을 테니까요. 시준과 함께 세상을 탐험하며, 여러분은 단순히 이야기를 읽는 것을 넘어 상식을 쌓고, 수수께끼를 풀며 자연스럽게 지혜와 끈기를 키우게 될 거예요.

　그리고 이 모험의 끝에는 단순한 결말만이 기다리는 것이 아닙니다. 스스로 문제를 해결하며 얻는 짜릿한 성취감과 특별한 깨달음이 여러분을 기다리고 있어요.

　자, 이제 준비되셨나요? 그럼 '브레인 점프 – 뒤죽박죽 세계 여행' 속으로 함께 뛰어들어 보아요! 여러분의 용기 있는 선택이 시준의 신나는 여행이 되고, 세상의 놀라운 이야기로 향하는 길을 활짝 열어 줄 것입니다!

● 차례

머리말_

시준의 선택!
세계 여행 어드벤처_6

1 PART_출발! 세계로_10
2 PART_해적 선장 후크의 검은 깃발_18
3 PART_알프스 소녀 하이디_24
4 PART_설산의 거인_30
5 PART_기암괴석의 나라로 가다_39
6 PART_사원의 나라 태국_47
7 PART_수수께끼 랜덤_59
8 PART_호주의 자연과 위험한 동물들_63
9 PART_뉴욕, 자유의 여신상_72
10 PART_베네치아에서 백구를 잃다_80
11 PART_그리스에서 영웅 찾기_88
12 PART_정글 속 숲의 인간_96
13 PART_파리의 OX 대결_104
14 PART_중국에서 만난 푸바오_114
15 PART_마야 문명의 요람을 가다_122
16 PART_타워의 도시 런던_130

17 PART_핀란드 산타 마을_136

18 PART_수수께끼 랜덤_143

19 PART_아마존과 리우 카니발_146

20 PART_희망봉에서 만난 역사_154

21 PART_우리가 몰랐던 에티오피아_162

22 PART_마트료시카의 비밀_168

23 PART_피라미드의 특별한 가이드_174

24 PART_인도의 타지마할_182

25 PART_가우디와 플라멩코의 열정_188

26 PART_이스트섬의 모아이_196

27 PART_일본으로 특별한 여행_201

28 PART_수수께끼 문명의 비밀_207

29 PART_사우디아라비아의 메카_212

30 PART_바티칸의 숨겨진 이야기_217

31 PART_어린 왕자를 만나다_224

32 PART_나스카 평원의 수수께끼_230

33 PART_하이디, 서울에 오다_234

010 두뇌가 뛰는 학습 혁신법
브레인 점프

출발! 세계로

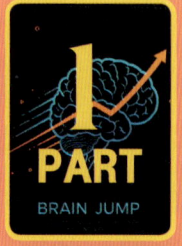

PART 1
BRAIN JUMP

한낮의 서울 남산타워가 보이는 공원에 시준과 진돗개 백구가 산책하고 있다.

룰루랄라~

엉! 누구예요?

시준, 네가 모험을 즐긴다고 소문난 아이니?

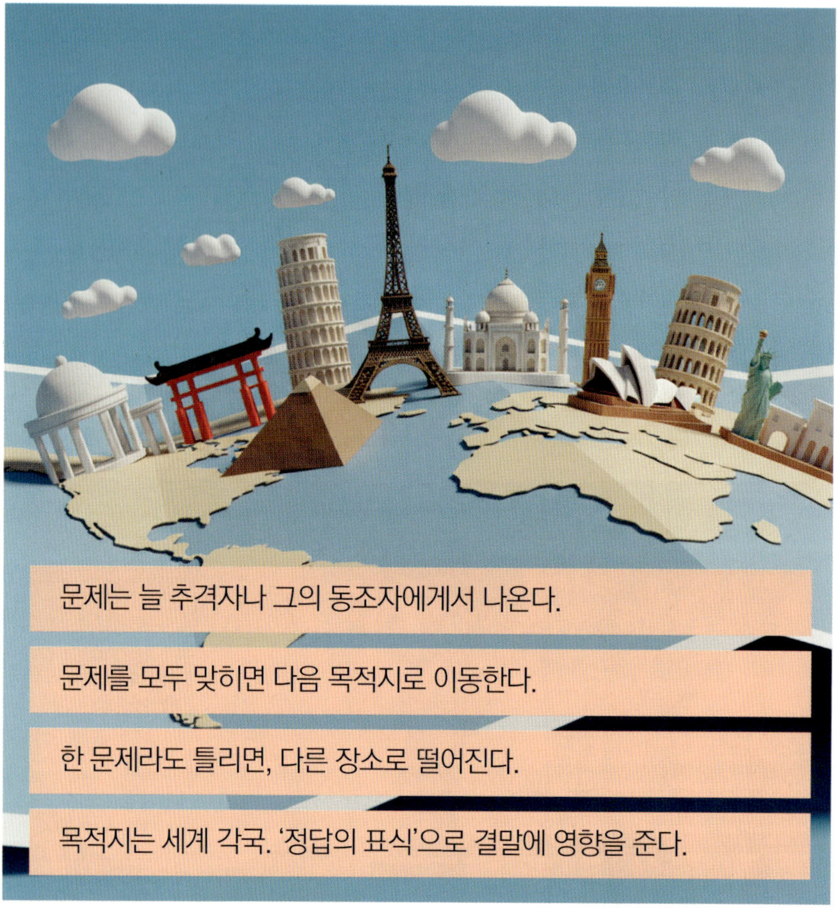

문제는 늘 추격자나 그의 동조자에게서 나온다.

문제를 모두 맞히면 다음 목적지로 이동한다.

한 문제라도 틀리면, 다른 장소로 떨어진다.

목적지는 세계 각국. '정답의 표식'으로 결말에 영향을 준다.

백구? 우리 스위스로 가볼래.

시준은 백구의 턱을 쓰다듬으며 생각한다. 학교에서 배운 것들을 써먹어 볼 기회여서 마음이 뛰었다.

문제1_다음 세 나라의 국기 중 스위스의 국기는 어느 것인가?

1 ☐   2 ☐   3 ☐

문제 1에 대한 답을 찾았으면 ✓ 안에 표기하세요.

문제 2_다음 세 나라의 수도 중 스위스의 수도는 어디인가?

1_베른 (Bern)	2_더블린 (Dublin)	3_헬싱키 (Helsinki)
1	2	3

문제 3_스위스를 대표하는 전통 음악으로 가장 적절한 것은?

1_칸초네 (Canzone)	2_샹송 (Chanson)	3_요들 송 (Yodel)
1	2	3

하나의 문제도 알쏭달쏭한데, 세 개의 문제나...

문제 1_ 다음 세 나라의 국기 중 스위스의 국기는 어느 것인가?

정답 3_ ① 핀란드 국기 ② 아일랜드 국기 ③ 스위스 국기

문제 2_ 다음 세 나라의 수도 중 스위스의 수도는 어디인가?

정답 1_ ① 스위스 베른 ② 아일랜드 더블린 ③ 핀란드 헬싱키

문제 3_ 스위스를 대표하는 전통 음악으로 가장 적절한 것은?

정답 3_ ① 칸초네, 이탈리아 음악 ② 샹송, 프랑스 가요 ③ 요들 송, 알프스 음악

첫 번째 관문을 잘 맞췄구나. 내가 바라던 스위스로 문을 열어주겠다. 그러나 이제부터 조심해라 너를 추격하는 자들은 무서운 존재들이다.

정답_문제 1 〈③〉 문제 2 〈①〉 문제 3 〈③〉

정답을 맞히면 **3파트 (24쪽)**으로 이동

정답 문제에서 하나라도 틀리면 오답으로 처리

오답으로 틀리면 **2파트 (18쪽)**으로 이동

018 해적 선장 후크의 검은 깃발

두뇌가 뛰는 학습 혁신법
브레인 점프

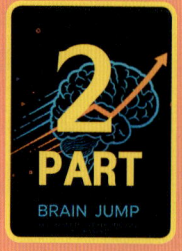

엇! 마치 전쟁으로 폭격 맞은 것 같아.

백구! 어서 여길 빠져나가자. 지체하면 무슨 일이 벌어질 것 같아.

문제_ 다음 세 깃발 중 해적을 상징하는 깃발은 어느 것인가?

| 1 | 2 | 3 |

문제 1에 대한 답을 찾았으면 안에 표기하세요.

이건 누가 봐도 문제가 되지 않는 쉬운 문제야. 그런데 그 다음이 문제야.

답은 알고 있어. 하지만 그 다음 이유는 시간을 줘.

이제 정답을 말할 시간이 다 됐다.

해적들이 검은 바탕에 해골이 그려진 깃발을 사용하게 된 이유는 단순히 '멋있어서'가 아니라, 심리전과 전략적 목적이 컸습니다.

1. 심리적 공포 조성과 항복 유도
검은 바탕과 해골 그림은 생사(生死), 특히 '죽음'을 직관적으로 떠올리게 만듭니다. 멀리서 그 깃발을 본 선원들은 "저 배는 해적선이다, 저항하면 죽는다"라는 두려움을 느끼게 되었죠. 실제로 깃발만으로도 상대 선박이 전투를 포기하고 항복하는 경우가 많았습니다. 해적들은 전투보다는 무혈 점령을 선호했습니다. 싸우면 시간·물자·인력이 소모되기 때문에, 깃발로 공포를 심어 저항 없이 선박을 빼앗는 것이 효율적이었죠.

2. 해적 집단의 정체성 표시와 법과 규칙을 거부하는 선언
검은 깃발은 일종의 '브랜드 로고'처럼, 해적의 존재를 알리는 상징물이었습니다. 17~18세기 당시 국제 해상법상, 국기를 달지 않고 무장을 한 채 항해하는 것은 불법이었고, 검은 해골 깃발은 "우리는 어떤 국가의 법에도 속하지 않는다"는 반항의 선언이었습니다.

정답_〈②〉일명 (조리 로저, Jolly Roger) 해적 깃발

정답을 맞히면 **3파트 (24쪽)**으로 이동

오답으로 틀리면 **7파트 (59쪽)**으로 이동

| 024 | 두뇌가 뛰는 학습 혁신법
브레인 점프 |

알프스 소녀 하이디

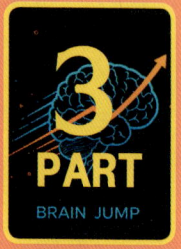

우와! 알프스 산을 직접 보다니...

네가 한국에서 온 시준이니?

그건 명찰을 달고 있잖아. 바보야.

응, 그런데 내 이름을 어떻게 알았어?

문제_ 스위스와 국경을 맞대고 있지 않은 나라는 ?

1. 리히텐슈타인
2. 오스트리아
3. 독일
4. 폴란드   
5. 이탈리아
6. 프랑스

문제 1에 대한 답을 찾았으면 ☐ 안에 숫자를 표기하세요.

문제 _ 스위스와 국경을 맞대고 있지 않은 나라는?

정답_〈④〉폴란드

정답을 맞히면 **13파트 (104쪽)**으로 이동

정답 문제에서 하나라도 틀리면 오답으로 처리

오답으로 틀리면 **4파트 (30쪽)**으로 이동

설산의 거인

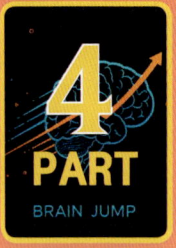

문제 1_설산 거인이 가리킨 곳은 어디인가요?

1. 알프스산맥　　2. 안데스산맥　　3. 히말라야산맥

문제 1에 대한 답을 찾았으면 ☐ 안에 숫자를 표기하세요.

하이디! 알프스에는 눈표범이 서식하지 않지?

응, 곰은 많은데 눈표범은 살지 않아.

안데스산맥은 높지만, 눈표범은 살고 있지 않아. 그렇다면 답은 뻔하지

정답_〈③〉히말라야산맥

눈표범은 히말라야산맥과 중앙아시아의 높은 산악 지대에 사는 포식자로, 두꺼운 회색 털과 검은 반점을 가진 몸과 긴 꼬리를 이용해 눈과 바위가 많은 험한 산에서 균형을 유지하며 은신합니다. 주로 혼자 생활하며 산양이나 작은 포유류를 사냥하고, 뛰어난 점프력과 은신 능력으로 천적(사냥꾼)을 모두 피하며 생존합니다.

문제 2_에베레스트산은 어느 국가와 국가 사이에 위치하나요?

1. 중국과 네팔

2. 인도와 중국

3. 인도와 네팔

문제 2에 대한 답을 찾았으면 ☐ 안에 숫자를 표기하세요.

정답_〈①〉 중국과 네팔 사이

정답을 맞히면 **10파트 (80쪽)**으로 이동

문제 1, 2에서 하나라도 틀리면 오답으로 처리

오답으로 틀리면 **7파트 (59쪽)**으로 이동

039

두뇌가 뛰는 학습 혁신법
브레인 점프

기암괴석의 나라로 가다

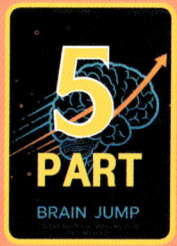

와… 여긴 현실 세계가 아니야. 마치 난쟁이 마을에 온 것 같아!

저 문을 열면 난쟁이들이 우리를 반겨줄 것 같아.

문제 1_ 열기구가 하늘에서 오래 떠 있으려면 무엇이 필요한가?

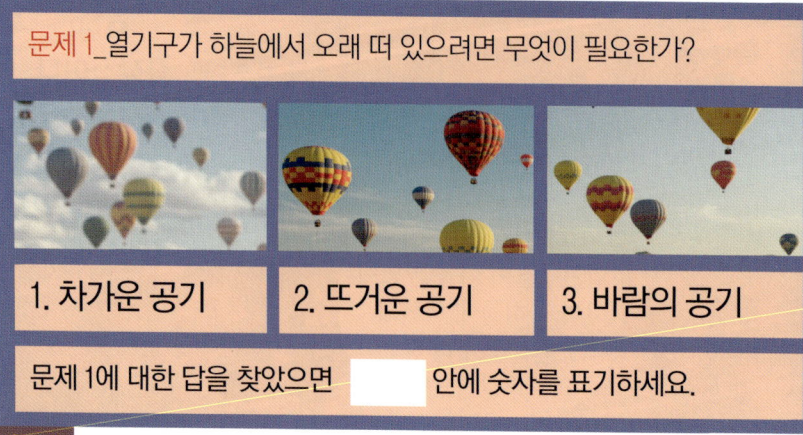

1. 차가운 공기   2. 뜨거운 공기   3. 바람의 공기

문제 1에 대한 답을 찾았으면 　　　 안에 숫자를 표기하세요.

정답_⟨②⟩ 뜨거운 공기

문제 2_카파도키아는 어느 나라에 있나?

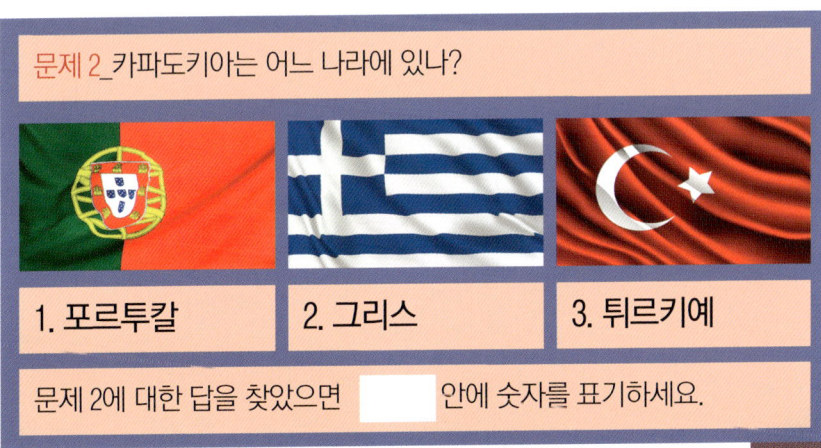

1. 포르투칼   2. 그리스   3. 튀르키예

문제 2에 대한 답을 찾았으면 ☐ 안에 숫자를 표기하세요.

정답_〈③〉 튀르키예

정답을 맞히면 **9파트 (72쪽)**으로 이동

문제 1, 2에서 하나라도 틀리면 오답으로 처리

오답으로 틀리면 **22파트 (168쪽)**으로 이동

047 두뇌가 뛰는 학습 혁신법
브레인 점프

사원의 나라 태국

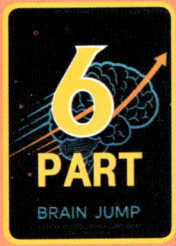

윤회사상_사람이 죽은 뒤에 그 영혼이나 의식이 다른 새로운 몸으로 다시 태어난다고 믿는 종교 사상.

문제 1_에메랄드 사원을 지키는 수호상의 이름은 무엇일까?

1. 아크샤
2. 원숭이 체디
3. 거인 체디

문제 1에 대한 답을 찾았으면 ☐ 안에 숫자를 표기하세요.

문제 1 정답_〈①〉 아크샤

시준! 네가 1번 문제를 장난쳤기에 내 문제를 맞히지 못하면 여기서 영원히 빠져나갈 수 없다.

문제 2_ 다음 그림 중 태국과 관련된 것은 어느 것인가?

1
2
3

문제 2에 대한 답을 찾았으면 　　　 안에 숫자를 표기하세요.

	태국의 국기는 빨강, 흰색, 파랑 세 가지 색으로 이루어진 다섯 줄 무늬의 깃발로, 빨강은 국민과 나라의 희생을, 흰색은 불교와 순수를, 파랑은 왕실을 상징한다.
	태국에서 흰 코끼리는 왕권과 신성함을 상징하는 특별한 존재로 여겨져 불교적 의미와 함께 국운과 번영을 상징하며, 예로부터 왕이 소유하는 것은 큰 영광으로 간주되어 태국의 상징으로 자리 잡았다.
	가루다는 태국의 국장에 사용되는 신화적 존재로 왕권과 국가의 수호를 의미하는 상징으로 자리 잡아 왕실 문장과 정부 기관의 공식 표장에 널리 사용되고 있다.
	무예타이는 태국 전통 무술이자 격투 스포츠로서 단순한 싸움 기술을 넘어 신체 단련과 정신 수양, 태국의 문화와 전통을 계승하는 중요한 스포츠로 발전하여 세계적인 격투기로 널리 알려져 있다.

문제 2 정답_〈③〉 태국 국기, 흰 코끼리, 가루다(국장), 무에타이

정답을 맞히면 **30파트 (217쪽)**으로 이동

문제 1, 2에서 하나라도 틀리면 오답으로 처리

오답으로 틀리면 **26파트 (196쪽)**으로 이동

059 브레인 점프
두뇌가 뛰는 학습 혁신법

수수께끼 랜덤

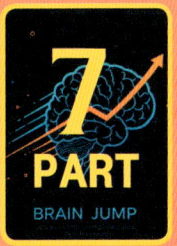

답을 찾았다면 **3파트 (24쪽)**으로 이동

답: 아르헨티나

빨간색 줄 두 개가 양쪽을 지키고 있고, 가운데 흰색 바탕 위에는 붉게 물든 단풍잎 하나가 선명하게 그려져 있어.

나는 어느 나라의 국기일까?

답을 찾았다면 15파트 (122쪽)으로 이동

답: 캐나다

세로로 빨강, 파랑, 빨강 세 가지 색 줄이 있고, 왼쪽 빨간 줄 위에는 불꽃처럼 생긴 노란색 '소욤보' 문양이 그려져 있지.

나는 어느 나라의 국기일까?

답을 찾았다면 17파트 (136쪽)으로 이동

답: 몽골

나는 화려하고 복잡한 디자인을 가진 국기야. 가장 눈에 띄는 것은 용맹하게 칼을 든 황금 사자 그림이지.

왼쪽에는 초록색과 주황색 세로 줄무늬도 보여. 나는 어느 나라의 국기일까?

답을 찾았다면 23파트 (174쪽)으로 이동

답: 스리랑카

호주의 자연과 위험한 동물들

두뇌가 뛰는 학습 혁신법
브레인 점프

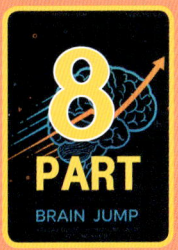

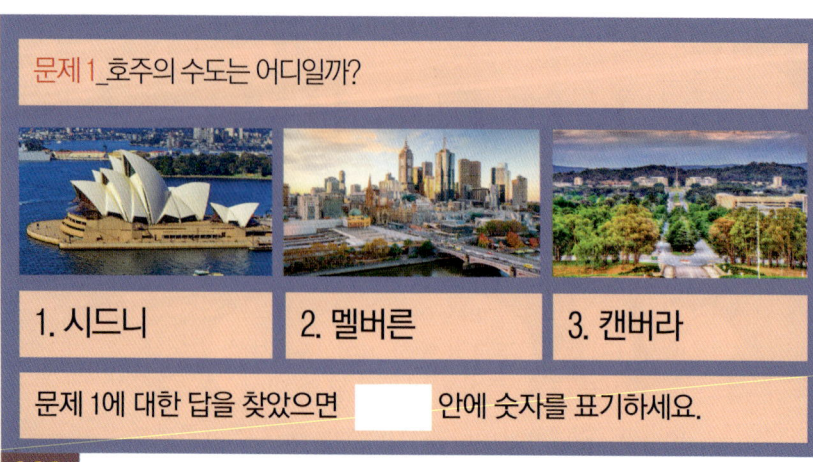

정답_〈③〉 캔버라

문제 2_오스트레일리아 대륙의 최상위 포식자는?

1. 화식조   2. 데스애더   3. 딩고

문제 2에 대한 답을 찾았으면 ☐ 안에 숫자를 표기하세요.

먼저, 화식조는 '무서운 발톱'으로 일컬어지는 뒷발의 갈고리 발톱을 가졌단다. 잘못 건드렸다간 내장 파열로 죽을 수 있어.

정답_〈③〉딩고

정답을 맞히면 **17파트 (136쪽)**으로 이동

문제 1, 2에서 하나라도 틀리면 오답으로 처리

오답으로 틀리면 **7파트 (59쪽)**으로 이동

뉴욕, 자유의 여신상

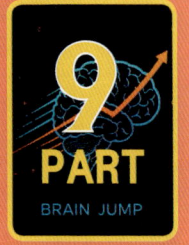

문제 1_자유의 여신상을 미국에 선물한 나라는?

1. 영국　　　　2. 프랑스　　　　3. 스페인

문제 1에 대한 답을 찾았으면 ☐ 안에 숫자를 표기하세요.

정답_〈②〉 프랑스

문제 2_ 자유의 여신상이 만들어진 이유는 무엇일까?

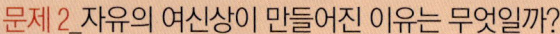

1. 미국 독립 기념   2. 프랑스 혁명 기념   3. 제차세계대전승리

문제 2에 대한 답을 찾았으면  안에 숫자를 표기하세요.

정답_〈①〉 프랑스

문제 3_ 자유의 여신상은 〈항구 등대〉로 사용된 적이 있다.

1. 등대가 아니고 기념 조각상

2. 등대로도 사용된 기념 조각상

문제 3에 대한 답을 찾았으면 　　　 안에 숫자를 표기하세요.

정답_〈②〉 등대로도 사용된 기념 조각상

정답을 맞히면 **25파트 (188쪽)**으로 이동

문제 1, 2, 3에서 하나라도 틀리면 오답으로 처리

오답으로 틀리면 **29파트 (212쪽)**으로 이동

080 | 두뇌가 뛰는 학습 혁신법
브레인 점프

베네치아에서 백구를 잃다

10 PART
BRAIN JUMP

문제_ 고양이와 쥐와 치즈가 있다. 곤돌라에 한 번에 하나씩 밖에 옮길 수 없고, 사람이 없으면 고양이는 쥐를, 쥐는 치즈를 먹어버린다. 모두 무사히 건너기 위해서는 어떻게 해야 할까?

1. 시준이 쥐를 먼저 곤돌라에 태운다.

2. 시준이 고양이를 먼저 곤돌라에 태운다.

3. 시준이 치즈를 먼저 곤돌라에 싣는다.

문제 1에 대한 답을 찾았으면 □ 안에 숫자를 표기하세요.

정답_⟨①⟩ 쥐를 먼저 곤돌라에 태운다.

정답을 맞히면 **13파트 (104쪽)**으로 이동

오답으로 틀리면 **7파트 (59쪽)**으로 이동

088 브레인 점프
두뇌가 뛰는 학습 혁신법

그리스에서 영웅 찾기

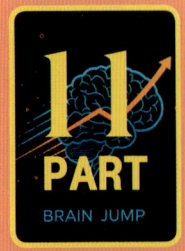

두 번째 문제에서 답을 알았으면 　　　 답을 써넣으세요.

세 번째 문제에서 답을 알았으면 　　　 답을 써넣으세요.

네 번째 고개! 그는 미노타우로스와 싸워 승리했다.

네 번째 문제에서 답을 알았으면 ☐ 답을 써넣으세요.

다섯 번째 고개! 그는 아리아드네 공주를 낙소스섬에 남기고 돌아와 아테네 왕이 되었다.

다섯 번째 문제에서 답을 알았으면 ☐ 답을 써넣으세요.

문제 _ 헤파이스토스 신전에 묻혔다는 영웅은 누구인가?

1. 헤라클레스　　2. 페르세우스　　3. 테세우스

문제 에 대한 답을 찾았으면 ☐ 안에 숫자를 표기하세요.

정답_〈③〉 테세우스

첫 고개 정답 **6파트 (47쪽)**으로 이동

정답을 맞히면 **25파트 (188쪽)**으로 이동

문제에서 하나라도 틀리면 오답으로 처리

오답으로 틀리면 **5파트 (39쪽)**으로 이동

정글 속 숲의 인간

096 두뇌가 뛰는 학습 혁신법
브레인 점프

문제 1_ 숲의 인간으로 불리는 영장류는 누구인가?

문제 1에 대한 답을 찾았으면 [ ] 안에 숫자를 표기하세요.

첫째, 문제의 동물들은 모두 영장류이다.
둘째, 침팬지와 고릴라는 서식지가 아프리카이다.
셋째, 오랑우탄의 서식지는 아시아이다.

정답_⟨①⟩ 오랑우탄

문제 2_오랑우탄은 어느 나라에 서식하나?

1. 스리랑카   2. 태국   3. 인도네시아

문제 2에 대한 답을 찾았으면 ☐ 안에 숫자를 표기하세요.

열대 밀림이 풍부한 인도네시아야.

정답_〈③〉 인도네시아 및 보루네오 일대

정답을 맞히면 **16파트 (130쪽)**으로 이동

문제 1, 2에서 하나라도 틀리면 오답으로 처리

오답으로 틀리면 **2파트 (18쪽)**으로 이동

파리의 OX 대결

104 두뇌가 뛰는 학습 혁신법
브레인 점프

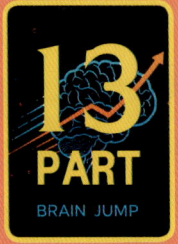

1. 에펠탑은 처음부터 영구적인 구조물로 지어질 예정이었다.

OX를 선택하여 네모 ✓ 안에 표기하세요.   O__   X__

정답은 X 처음엔 20년만 유지할 임시 구조물이었다.

에펠탑은 프랑스 혁명 100주년 기념하기 위해 지어졌나요.

2. 에펠탑은 프랑스 혁명 100주년 기념으로 지어졌다.

OX를 선택하여 네모 ✓ 안에 표기하세요.   O___   X___

정답은 O 박람회가 혁명 100주년을 기념하여 열렸다.

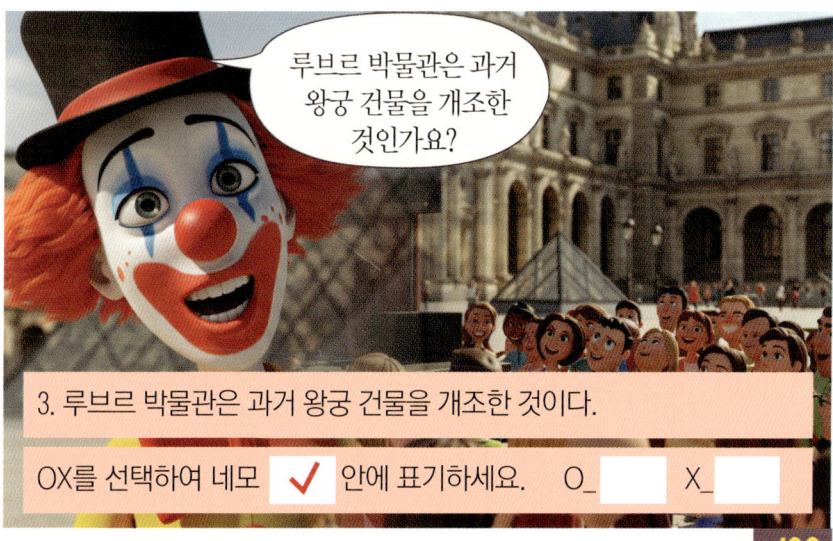

루브르 박물관은 과거 왕궁 건물을 개조한 것인가요?

3. 루브르 박물관은 과거 왕궁 건물을 개조한 것이다.

OX를 선택하여 네모 ✓ 안에 표기하세요.   O_____   X_____

정답은 O 루브르 박물관은 루브르 왕궁을 개조하였다.

4. 루브르의 유리 피라미드는 프랑스 건축가가 설계했다.

OX를 선택하여 네모 ✓ 안에 표기하세요. O___ X___

정답은 X 설계자는 미국의 중국계 건축가 이오 밍 페이다.

5. 〈모나리자〉를 그린 예술가는 누구인가?

1. 미켈란젤로

2. 레오나르도 다 빈치

3. 라파엘로

문제 5에 대한 답을 찾았으면 　　　 안에 숫자를 표기하세요.

문제 5에 대한 정답 〈②〉 레오나르도 다 빈치

정답을 맞히면 **16파트 (130쪽)**으로 이동

오답으로 틀리면 **15파트 (122쪽)**으로 이동

114 브레인 점프
두뇌가 뛰는 학습 혁신법

중국에서 만난 푸바오

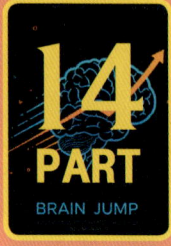
PART 14
BRAIN JUMP

우와... 여기가 바로 그 유명한 만리장성인가?

정말 엄청나네! 달에서도 보인다던 그 만리장성!

맞아. 하지만 실제로는 달에서 보이지 않는다는 게 정설이야. 그래도 인류 최대의 건축물 중 하나지!

문제 1_중국 시안의 병마용은 누구의 무덤일까?

1. 진시황제

2. 수문제

3. 당태종

문제 1에 대한 답을 찾았으면 ☐ 안에 숫자를 표기하세요.

문제 2_ 한국에서 유일하게 태어난 판다의 이름은?

1. 루바오　　2. 아이바오　　3. 푸바오

문제 2에 대한 답을 찾았으면 ☐ 안에 숫자를 표기하세요.

음... 한국에서 완전 유명했던... 푸바오!

정답! 푸바오는 한국에서 태어났지만, 중국 판다 대여 정책 때문에 결국 중국으로 갔지.

정답_〈③〉 푸바오

정답을 맞히면 **8파트 (63쪽)**으로 이동

문제 1, 2에서 하나라도 틀리면 오답으로 처리

오답으로 틀리면 **4파트 (30쪽)**으로 이동

122 브레인 점프
두뇌가 뛰는 학습 혁신법

마야 문명의 요람을 가다

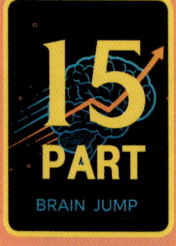

문제 1_ 기원전 2000년경부터 시작된 이 문명은 멕시코 동남부와 과테말라, 온두라스, 엘살바도르 일부를 중심으로 번영했다. 당시 아메리카 대륙에서 가장 발달한 언어체계와 고도의 문화를 향유한 이 문명은 무엇일까?

1. 이집트 문명   2. 인더스 문명   3. 마야 문명

문제 2에 대한 답을 찾았으면 ☐ 안에 숫자를 표기하세요.

그건 마야 문명 아니겠어요?

맞아! 그 유명한 마야 문명이지.

우리가 흔히 생각하는 남아메리카 문명하면 가장 먼저 떠오르는 정글 속에 묻힌 고대 유적의 이미지가 바로 마야 문명의 것이야.

정답_〈③〉 마야 문명

문제 2_남아메리카 문명에서 인간에게 영웅인 신은 누구일까?

1. 테스카틀리포카   2. 케찰코아틀   3. 믹틀란테쿠틀리

문제 2에 대한 답을 찾았으면 안에 숫자를 표기하세요.

세 명의 신들은 그리스 신처럼 어떤 상징성을 가지고 있나요?

하하! 답을 구해 가는 방식이 가상하구나. 알려주마.

테스카틀리포카는 전쟁과 마법, 운명, 갈등, 어둠의 신이란다.
재규어 형태나 인간 형태로 나타난다.

케찰코아틀은 바람, 태양, 비, 풍요 등의 신으로 옥수수를 키우는 법과 베를 짜는 법, 시간을 알아내는 법을 인간에게 가르쳤단다.
뱀 형태나 인간 형태로도 나타난다.

믹틀란테쿠틀리는 죽음의 신으로 저승에서 인간 뼈를 찾으러 온 케찰코아틀에게 여러 난제를 내주었어. 케찰코아틀이 이를 모두 해결하자 분노하여 부하들을 풀어 쫓게 했고, 케찰코아틀은 도망치다 넘어지면서 뼈 일부를 부러뜨렸지. 그래서 인간의 체격이 다양한 것은 바로 이때 부러진 뼈들 때문이라고 전해졌다.

정답은 케찰코아틀이에요! 그는 그리스 신화의 프로메테우스처럼 인간에게 도움을 준 신이네요. 특히 남아메리카의 쌀인 옥수수 재배법을 전해주었다면 정말 고마운 신이죠.

훌륭해!

정답_〈②〉 케찰코아틀

정답을 맞히면 **12파트 (96쪽)**으로 이동

문제 1, 2에서 하나라도 틀리면 오답으로 처리

오답으로 틀리면 **7파트 (59쪽)**으로 이동

타워의 도시 런던

두뇌가 뛰는 학습 혁신법
브레인 점프

문제 _ 세계에서 가장 큰 자명종 시계가 있는 이곳은 어디일까?

1. 엘리자베스 타워   2. 빅토리아 타워   3. 센트럴 타워

문제 2에 대한 답을 찾았으면 　　　 안에 숫자를 표기하세요.

정답_⟨①⟩ 엘리자베스 타워

정답을 맞히면 **8파트 (63쪽)**으로 이동

오답으로 틀리면 **19파트 (146쪽)**으로 이동

핀란드 산타 마을

136 두뇌가 뛰는 학습 혁신법
브레인 점프

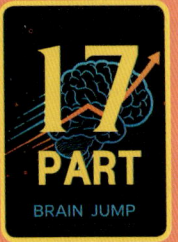

17 PART
BRAIN JUMP

와! 이곳이 어디야?

오로라는 지구 북극권이나 남극권에서 볼 수 있는 자연현상이야.

아마 이곳은 알래스카나 그린란드, 아니면 스웨덴이나 핀란드 중 한 곳일 거야.

문제 1_ 산타가 거주하는 오로라 마을은 어느 나라일까?

1. 스웨덴   2. 아이슬란드   3. 핀란드

문제 2에 대한 답을 찾았으면 ☐ 안에 숫자를 표기하세요.

정답_〈③〉 핀란드

문제 2_산타클로스의 기원이 된 나라는?

1. 이스라엘　　2. 튀르키예　　3. 그리스

문제 2에 대한 답을 찾았으면 ▢ 안에 숫자를 표기하세요.

정답_⟨②⟩ 튀르키예

정답을 맞히면 **23파트 (174쪽)**으로 이동

문제 1, 2에서 하나라도 틀리면 오답으로 처리

오답으로 틀리면 **21파트 (162쪽)**으로 이동

143 두뇌가 뛰는 학습 혁신법
브레인 점프

수수께끼 랜덤

PART 18
BRAIN JUMP

다시 랜덤 코스에 온 걸 환영해.

수수께끼를 자유롭게 선택하여 다시 도전해봐.

나는 섬이 많은 나라, 인도네시아의 심장이야. 항상 뜨겁고 활기찬데, 복잡한 교통 체증으로도 유명해.

세계에서 가장 인구가 많은 섬에 위치하고 있는 나는 인도네시아의 어느 도시일까?

답을 찾았다면 22파트 (168쪽)으로 이동

답: 자카르타

답을 찾았다면 **9파트 (72쪽)**으로 이동

답: 테헤란

답을 찾았다면 **28파트 (207쪽)**으로 이동

답: 암스테르담

답을 찾았다면 **25파트 (188쪽)**으로 이동

답: 웰링턴

답: 스톡홀름

답: 하노이

답: 베를린

아마존과 리우 카니발

두뇌가 뛰는 학습 혁신법
브레인 점프

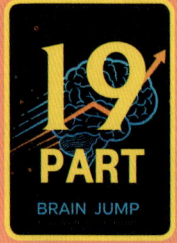

문제 1_아나콘다가 서식하는 정글은 어디일까?

1. 나일강 유역　　2. 콩고강 유역　　3. 아마존강 유역

문제 2에 대한 답을 찾았으면 　　　 안에 숫자를 표기하세요.

아마존강 유역이지! 하이디, 우리가 브라질 아마존에 온 거야!

지금 당장 돌아가지 않으면, 한 발짝도 더 안 움직일 거야!

정답_〈③〉 아마존강 유역

아나콘다는 독이 없지만, 힘이 엄청나. 하지만 육지에서는 움직임이 느려서 가까이만 가지 않으면 안전해.

카악!

으악!

문제 2_ 리우 카니발의 대표 춤은?

1. 탱고　　2. 룸바　　3. 삼바

문제 2에 대한 답을 찾았으면 　　　 안에 숫자를 표기하세요.

정답은 삼바예요!

헉! 너무 예뻐요!

하이디... 언제 그 옷을...?

멍!

정답_⟨③⟩ 삼바

정답을 맞히면 **20파트 (154쪽)**으로 이동

문제 1, 2에서 하나라도 틀리면 오답으로 처리

오답으로 틀리면 **7파트 (59쪽)**으로 이동

153

희망봉에서 만난 역사

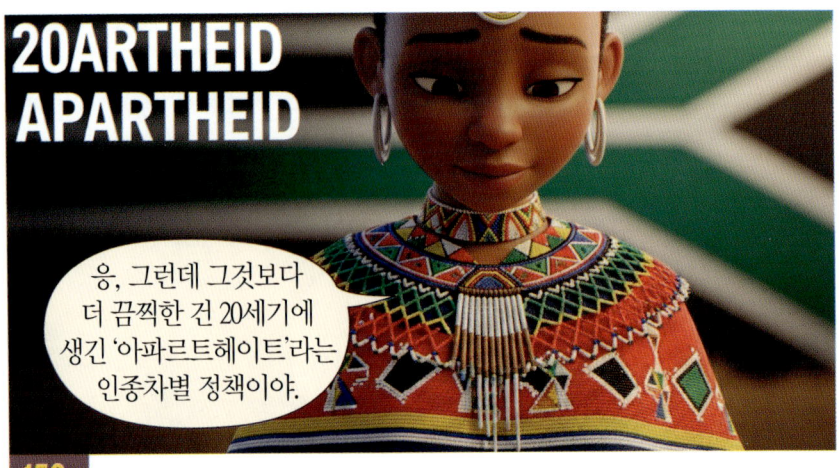

문제 2_ 아파르트헤이트 정책을 철폐한 인물은 누구인가?

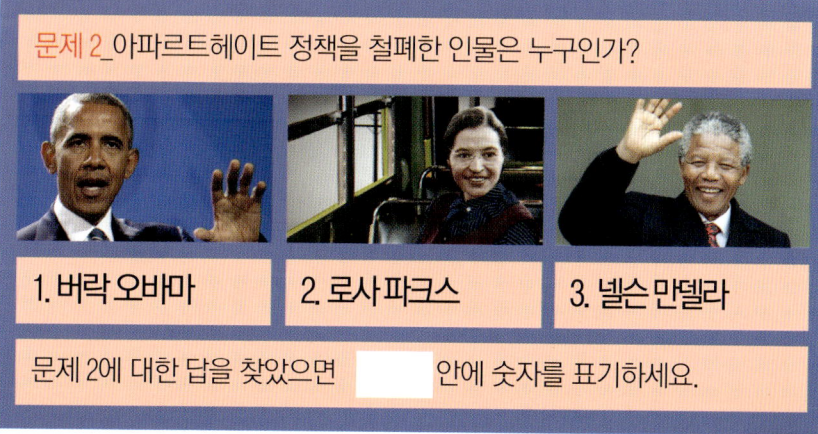

1. 버락 오바마
2. 로사 파크스
3. 넬슨 만델라

문제 2에 대한 답을 찾았으면 　　　 안에 숫자를 표기하세요.

정답_〈③〉 넬슨 만델라

자, 이번엔 좀 다른 문제를 내볼게! 남아공의 코이산족을 소재로 만든 세계적으로 유명한 영화가 뭔지 알아?

비행기에서 떨어진 콜라병을 주운 코이산족은 그것이 신의 물건이라 생각하고 분쟁이 생기자

이에 주인공 자이는 콜라병을 신에게 돌려주기 위해 여행을 떠난다는 스토리의 영화야.

문제 2_ 코이산족을 배경으로 만든 영화는 무엇일까?

1. 부시맨   2. 치킨 런   3. 고인돌 가족

문제 2에 대한 답을 찾았으면 ☐ 안에 숫자를 표기하세요.

정답_⟨①⟩ 부시맨

정답을 맞히면 **14파트 (114쪽)**으로 이동

문제 1, 2에서 하나라도 틀리면 오답으로 처리

오답으로 틀리면 **7파트 (59쪽)**으로 이동

브레인 점프

우리가 몰랐던 에티오피아

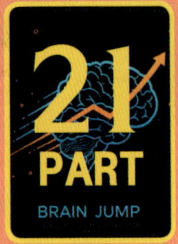

문제 1_에티오피아의 수도는?

1. 아디스아바바   2. 나이로비   3. 루사카

문제 2에 대한 답을 찾았으면 ☐ 안에 숫자를 표기하세요.

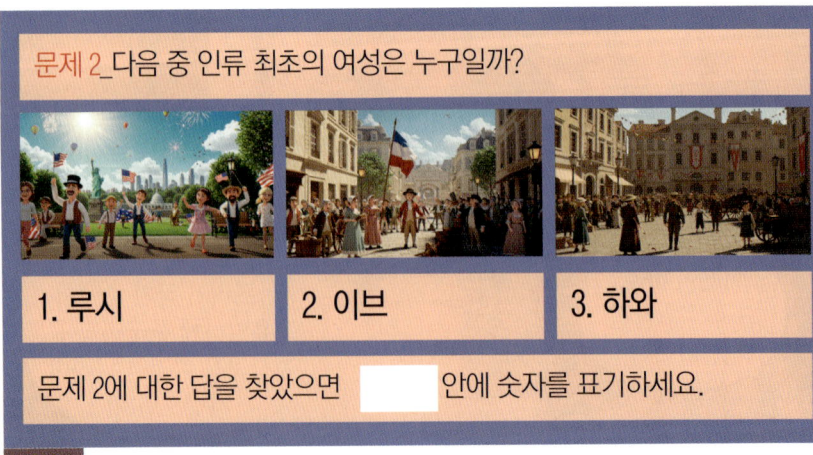

정답_〈①〉 루시

정답을 맞히면 **19파트 (146쪽)**으로 이동

문제 1, 2에서 하나라도 틀리면 오답으로 처리

오답으로 틀리면 **7파트 (59쪽)**으로 이동

두뇌가 뛰는 학습 혁신법
브레인 점프

마트료시카의 비밀

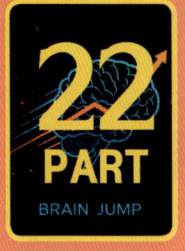

문제 2_성 바실리 대성당과 크렘린이 있는 광장의 이름은?

1. 트라팔가 광장　　2. 콩코르드 광장　　3. 붉은 광장

문제 2에 대한 답을 찾았으면 ☐ 안에 숫자를 표기하세요.

음... 붉은 광장!

맞아! 붉은 광장은 가끔 군사 퍼레이드도 하는 곳이고, 러시아에서 제일 유명한 광장이야.

정답_〈③〉 붉은 광장

그럼 이번엔 러시아 사람들이 '작은엄마'라고 부르는 전통 공예품이 뭔지 맞춰봐.

작은엄마?

문제 2_러시아의 상징 '작은엄마'는 다음 중 무엇일까?

1. 이콘화   2. 부활절 달걀 공예   3. 마트료시카

문제 2에 대한 답을 찾았으면 [ ] 안에 숫자를 표기하세요.

이콘 그림은 러시아 정교회에서 많이 보는 성화고, 부활절 달걀 공예는 파베르제가 만든 보석 달걀이 엄청 유명하잖아.

파베르제 달걀은 사파이어랑 다이아몬드로 장식한 황실 예술품이야.

그러니 답은 마트료시카야! 우리 집에도 있어.

정답_〈③〉 마트료시카

정답을 맞히면 **24파트 (182쪽)**으로 이동

문제 1, 2에서 하나라도 틀리면 오답으로 처리

오답으로 틀리면 **18파트 (143쪽)**으로 이동

피라미드의 특별한 가이드

두뇌가 뛰는 학습 혁신법
브레인 점프

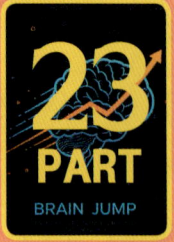

문제 2_고대 이집트 왕들을 일컫는 단어는 무엇일까?

1. 카이저   2. 파라오   3. 칼리파

문제 2에 대한 답을 찾았으면 ☐ 안에 숫자를 표기하세요.

정답_⟨②⟩ 파라오

문제 2_ 이집트 소년 왕으로 황금 마스크로 유명한 파라오는?

1. 람세스 2세   2. 아흐모세 1세   3. 투탕카멘

문제 2에 대한 답을 찾았으면 ☐ 안에 숫자를 표기하세요.

정답_〈③〉 투탕카멘

정답을 맞히면 **5파트 (39쪽)**으로 이동

문제 1, 2에서 하나라도 틀리면 오답으로 처리

오답으로 틀리면 **15파트 (122쪽)**으로 이동

두뇌가 뛰는 학습 혁신법
브레인 점프

인도의 타지마할

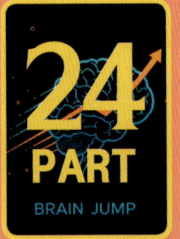

문제 2_세계에서 인구가 가장 많은 나라는 어디인가?

1. 중국   2. 인도   3. 미국

문제 2에 대한 답을 찾았으면 ☐ 안에 숫자를 표기하세요.

문제 2_ 타지마할은 어떤 용도로 만들어졌나?

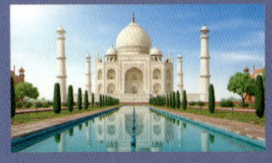

1. 무덤

2. 사원

3. 궁전

문제 2에 대한 답을 찾았으면 　　　 안에 숫자를 표기하세요.

정답_⟨①⟩ 무덤

정답을 맞히면 **9파트 (72쪽)**으로 이동

문제 1, 2에서 하나라도 틀리면 오답으로 처리

오답으로 틀리면 **18파트 (143쪽)**으로 이동

188 브레인 점프
두뇌가 뛰는 학습 혁신법

가우디와 플라멩코의 열정

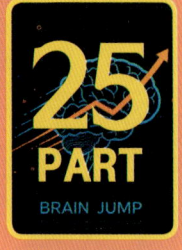

문제1_돈키호테를 쓴 작가는 누구일까?

1. 셰익스피어　　　2. 단테　　　3. 세르반테스

문제 2에 대한 답을 찾았으면 　　　 안에 숫자를 표기하세요.

정답_〈③〉 세르반테스

문제 2_스페인이 지정한 국기 스포츠는?

1. 투우	2. 축구	3. 풋살

문제 2에 대한 답을 찾았으면 　　　 안에 숫자를 표기하세요.

정답_〈①〉 투우

정답을 맞히면 27파트 (201쪽)으로 이동

문제 1, 2에서 하나라도 틀리면 오답으로 처리

오답으로 틀리면 28파트 (207쪽)으로 이동

이스트섬의 모아이

두뇌가 뛰는 학습 혁신법
브레인 점프

문제 2_이스터섬의 석상들 이름은?

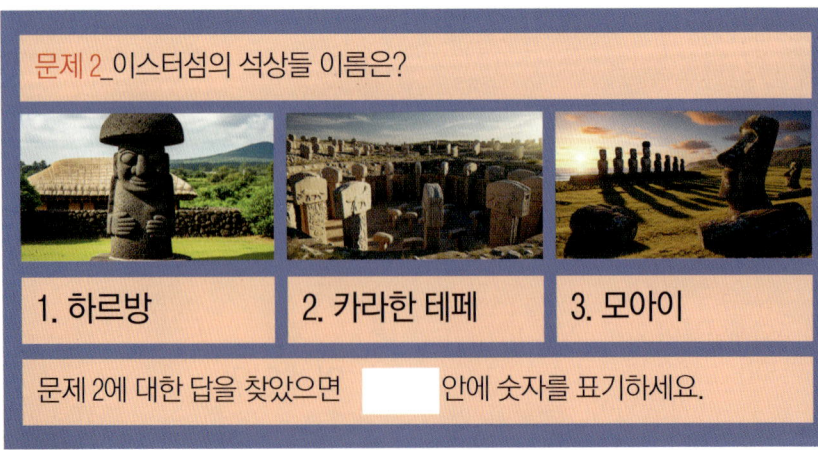

1. 하르방
2. 카라한 테페
3. 모아이

문제 2에 대한 답을 찾았으면 □ 안에 숫자를 표기하세요.

정답_〈③〉 모아이

정답을 맞히면 **31파트 (224쪽)**으로 이동

문제 1, 2에서 하나라도 틀리면 오답으로 처리

오답으로 틀리면 **28파트 (207쪽)**으로 이동

201 브레인 점프
두뇌가 뛰는 학습 혁신법

일본으로 특별한 여행

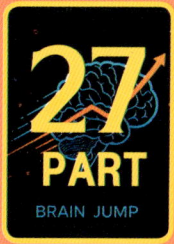

문제 1_일본에서 가장 높은 산은?

1. 아소산   2. 사라쿠라산   3. 후지산

문제 2에 대한 답을 찾았으면 ☐ 안에 숫자를 표기하세요.

정답_〈③〉 후지산

문제 2_오사카성을 건설한 인물은?

1. 도요토미 히데요시   2. 오다 노부나가   3. 도쿠가와 이에야스

문제 2에 대한 답을 찾았으면 ☐ 안에 숫자를 표기하세요.

세 사람 모두 일본 전국시대의 유명한 영웅들이지.

답은 당시 우리 조선을 침략한 도요토미 히데요시야. 그 사람이 일본 전국시대를 통일 하기도 했어.

우와! 시준은 정말 모르는 역사가 없는 것 같아!

정답_〈①〉 도요토미 히데요시

정답을 맞히면 **6파트 (47쪽)**으로 이동

문제 1, 2에서 하나라도 틀리면 오답으로 처리

오답으로 틀리면 **11파트 (88쪽)**으로 이동

수수께끼 문명의 비밀

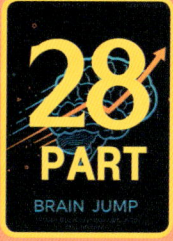

문제 _ 마추픽추 고산 도시를 만든 문명은?

1. 마야 문명   2. 잉카 문명   3. 아즈텍 문명

문제 2에 대한 답을 찾았으면 ☐ 안에 숫자를 표기하세요.

정답_〈②〉 잉카 문명

정답을 맞히면 **32파트 (230쪽)**으로 이동

문제 1, 2에서 하나라도 틀리면 오답으로 처리

오답으로 틀리면 **18파트 (143쪽)**으로 이동

사우디아라비아의 메카

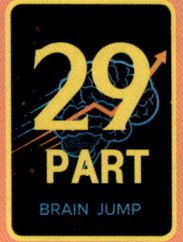

문제 1_사우디아라비아의 수도는 어디일까?

1. 메카　　　2. 리야드　　　3. 제다

문제 2에 대한 답을 찾았으면 ☐ 안에 숫자를 표기하세요.

메카는 신성한 종교 도시니까 수도는 아닐 것 같아. 그리고 제다는 메카의 관문 같은 도시인데, 지금 세계 최고 높은 '제다 타워'가 건설 중이잖아!

조금 전에 내가 물어본 걸 문제로 내다니! 치사하다! 흥!

제다 타워가 완성되면 지상 168층의 초고층 빌딩인데, 첨탑 높이를 포함하면 1008m에 달해서 세계 최초로 1km가 넘는 극초고층 빌딩이 될 예정이야!

정답_⟨②⟩ 리야드

그림에 보이는 빌딩은 리야드의 킹덤 센터이다.

문제 2_사우디아라비아 국기는 어느 것인가?

1　　　　　　　　2　　　　　　　　3

문제 2에 대한 답을 찾았으면 ☐ 안에 숫자를 표기하세요.

정답_〈③〉 사우디아라비아 국기

정답을 맞히면 **28파트 (207쪽)**으로 이동

문제 1, 2에서 하나라도 틀리면 오답으로 처리

오답으로 틀리면 **18파트 (143쪽)**으로 이동

217 바티칸의 숨겨진 이야기!

두뇌가 뛰는 학습 혁신법
브레인 점프

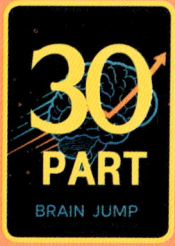

문제 1_ 미켈란젤로의 시스티나 예배당 천장화는 어떤 그림일까?

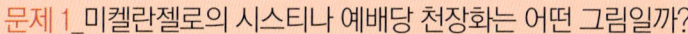

1. 천지창조

2. 최후의 심판

3. 아테나 학당

문제 2에 대한 답을 찾았으면 ☐ 안에 숫자를 표기하세요.

정답_⟨①⟩ 천지창조

마지막으로 문제 하나 더 낼게! 현재 바티칸 시국을 이끌고 계신 교황은 누구일까?

문제 2_현재 바티칸 시국의 교황은 누구일까?

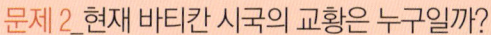

1. 프란치스코

2. 레오 14세

3. 베네딕토 16세

문제 2에 대한 답을 찾았으면 ☐ 안에 숫자를 표기하세요.

정답_〈②〉레오 14세

정답을 맞히면 **33파트 (234쪽)**으로 이동

문제 1, 2에서 하나라도 틀리면 오답으로 처리

오답으로 틀리면 **31파트 (224쪽)**으로 이동

어린 왕자를 만나다

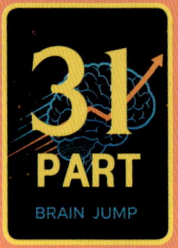

문제 1_『어린 왕자』를 쓴 작가는 누구일까?

1. 생텍쥐페리   2. 셰익스피어   3. 앙드레 지드

문제 2에 대한 답을 찾았으면 ☐ 안에 숫자를 표기하세요.

정답_〈①〉 생텍쥐페리

문제 2_사막여우가 말한 사막은 어디일까?

| 1. 몽골 사막 | 2. 두바이 사막 | 3. 사하라 사막 |

문제 2에 대한 답을 찾았으면 ☐ 안에 숫자를 표기하세요.

정답_〈③〉 사하라 사막

정답을 맞히면 **27파트 (201쪽)**으로 이동

문제 1, 2에서 하나라도 틀리면 오답으로 처리

오답으로 틀리면 **18파트 (143쪽)**으로 이동

나스카 평원의 수수께끼

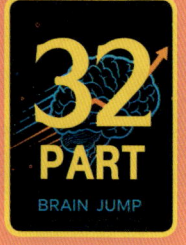

문제_잉카 문명과 나스카 문명이 있는 나라는 어디일까?

1. 과테말라   2. 페루   3. 온두라스

문제에 대한 답을 찾았으면 ☐ 안에 숫자를 표기하세요.

정답은 3번 페루야! 왜냐하면 과테말라랑 온두라스는 중앙아메리카에 있는 나라고, 페루는 남아메리카 지역에 있거든!

이야! 맞았어! 시준은 역시 정말 명석하구나!

정답_〈②〉 페루

정답을 맞히면 **22파트 (168쪽)**으로 이동

오답으로 틀리면 **18파트 (143쪽)**으로 이동

234 두뇌가 뛰는 학습 혁신법
브레인 점프

하이디, 서울에 오다

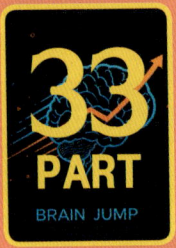

가장 빠른 루트, 하지만 다른 루트를 선택하여 새로운 모험과 더 많은 지혜를 충족하세요.

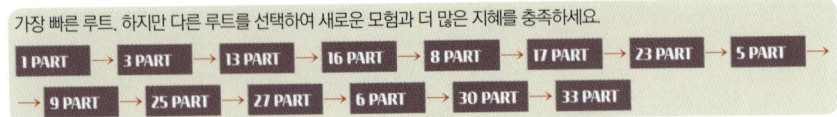

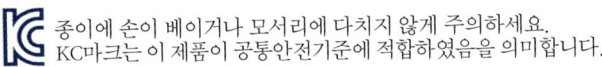

2025년 12월 05일 초판 1쇄 인쇄
2025년 12월 10일 초판 1쇄 발행

지은이 성진
발행인 손건
편집기획 김미정, 송상엽
디자인 김정희
마케팅 최관호
제작 최승용
인쇄 선경프린테크

발행처 초록구름(랭컴)
주소 서울시 영등포구 영신로 34길 19
등록번호 제 312 - 2006 - 00060호
전화 02) 2636 - 0895
팩스 02) 2636 - 0896
이메일 elancom@naver.com

ISBN 979-11-7142-101-5   73900

***초록구름**은 랭컴출판사의 유아, 아동 브랜드입니다.

종이에 손이 베이거나 모서리에 다치지 않게 주의하세요.
KC마크는 이 제품이 공통안전기준에 적합하였음을 의미합니다.